CORA WETZSTEIN

LUNCH IM GLAS

FOTOGRAFIE: MATHIAS NEUBAUER, AUEN60 PHOTOGRAPHY

INHALT

Öffnen Sie die Klappen dieses Buches.
Dort finden Sie die wichtigsten Infos zum Thema auf einen Blick!

DAS PRINZIP:
LUNCH IM GLAS

DIE PERFEKTE
KOMBI

Immer griffbereit:

SO GEHT'S:
SCHICHTARBEIT

Immer griffbereit:

SO GEHT'S:
WARM-UP
FÜR SUPPEN

GU
CLOU

Wussten Sie schon, dass ...?
Entdecken Sie bei einigen ausgewähl-
ten Rezepten ganz besondere Tipps
mit verblüffendem Insiderwissen.
Aha-Momente garantiert!

 Mit diesem Symbol sind alle vegetarischen
Gerichte gekennzeichnet.

 Die Backzeiten können je nach Herd variie-
ren. Unsere Temperaturangaben beziehen
sich auf das Backen im Elektroherd mit
Ober- und Unterhitze.

 Sammeln Ihrer Lieblingsrezepte
mit der »GU Kochen Plus«-App
(siehe S. 64)

REZEPTKAPITEL

06 SALATE

30 SUPPEN

48 SÜSS & FRUCHTIG

CORA WETZSTEIN

»Meal Prep«, das Vorkochen und Mitnehmen von Mahlzeiten, ist in aller Munde. Zu Recht, findet auch unsere Autorin: Die Zeit fürs Kochen wird für viele immer knapper – und dennoch ist gesunde Ernährung gefragter denn je. Schön, dass es eine ganz einfach Lösung für dieses Problem gibt: ein Glas zum Mitnehmen!

Warum hast du das Buch geschrieben?

Ob Karrierefrau, Selbstständiger oder Familien-Manager – nach einem langen Arbeitstag oder in der kurzen Mittagspause fehlt uns oft der Antrieb, um noch eine »vernünftige« Mahlzeit zuzubereiten. Oder die Kids haben keine Lust mehr auf Fertigessen in der Schulkantine und die ewige Stulle kommt – nur lustlos angebissen – wieder zurück nach Hause. Hier ist Lunch im Glas wirklich eine tolle Alternative: unterwegs einfach das Glas öffnen oder je nach Rezept erhitzen, schwenken, durchmischen – Mahlzeit!

Worauf achtest du beim Lunch im Glas?

Die Rezepte sollen schnell zubereitet sein. Ein halbes Stündchen ist für mich die maximale Zeit, die ich abends oder morgens noch aufwenden mag, um das Mittagessen für den kommenden Tag vorzubereiten. Idealerweise sind dann gleich mehrere Gläser befüllt – entweder für die ganze Familie oder für mehrere Mahlzeiten. Suppen, Salate & Co. bleiben im Glas luftdicht verschlossen und halten sich im Kühlschrank locker zwei bis drei Tage. Darum passt es auch gut für Single-Haushalte, dass alle Rezepte im Buch für zwei Gläser gedacht sind.

Und was kommt bei dir bevorzugt ins Glas?

Auch bei einer Kochbuchautorin kommt es vor, dass der Kühlschrank gähnend leer ist. Dann freue ich mich über spontane Gerichte, die mein Vorratsregal hergibt. Anregungen für diese schnellen Rezepte finden Sie im Salat- und Suppenkapitel jeweils gleich zu Beginn. Und ich mag es gerne abwechslungsreich und bunt in meinem Glas – mit frischen Zutaten, möglichst ohne künstliche Zusatzstoffe.

6-ZUTATEN-REZEPT:
KÜRBISSUPPE MIT WIENER WÜRSTCHEN

500 g Kürbisfruchtfleisch
(z. B. Hokkaido) klein würfeln,
ca. 10 Min. in reichlich Salzwasser kochen. In ein Sieb abgießen und abtropfen lassen

... auf 2 Gläser (à ca. 600 ml)
verteilen.

2 Paar Wiener Würstchen
(ca. 300 g) in Scheiben schneiden

... über die Kürbisstücke
geben.

100 g Sahne,
2 TL süßen Senf,
1 TL Gemüsebrühe (Instant),
Salz und Pfeffer verrühren...

... und auf die 2 Gläser verteilen.

*Zum Essen 150 ml kochendes Wasser
pro Glas über die Zutaten gießen. Verschließen und alles in 5–10 Min. heiß
werden lassen, dabei das Glas immer
wieder kräftig schwenken. Die Suppe
mit Salz und Pfeffer abschmecken.*

SALATE

Für 2 Gläser (à ca. 500 ml) • *25 Min. Zubereitung* • *Pro Portion ca. 560 kcal, 32 g E, 40 g F, 14 g KH*

BOHNENSALAT NIZZA-STYLE

AUS DEM VORRAT

2 Eier
2 Sardellenfilets (in Öl)
1 EL Aceto balsamico bianco
4 EL Olivenöl
1 TL mittelscharfer Senf
½ TL getrockneter Thymian
Salz, Pfeffer
1 Dose weiße Riesenbohnen
*   (240 g Abtropfgewicht)*
1 Dose Thunfisch (im eigenen
*   Saft, 140 g Abtropfgewicht)*
4 getrocknete Tomaten (in Öl)
4 EL schwarze Oliven
*   (entsteint)*

1 Eier an der runden Seite anpiksen und in kochendem Wasser in ca. 10 Min. hart kochen. Abgießen, kalt abschrecken, pellen, längs vierteln und abkühlen lassen. Inzwischen Sardellen etwas abtropfen lassen, fein hacken und mithilfe einer Gabel mit Essig, Öl, Senf und Thymian verquirlen. Das Dressing mit Salz und Pfeffer abschmecken.

2 Die Bohnen in ein Sieb abgießen, kalt abbrausen und abtropfen lassen. Den Thunfisch abgießen und mit einer Gabel zerpflücken. Die Tomaten abtropfen lassen und in feine Streifen schneiden.

3 Zuerst das Dressing auf die Gläser verteilen. Nacheinander die Bohnen, Thunfisch, getrocknete Tomaten, Oliven und Eier darüberschichten. Die Gläser verschließen, in den Kühlschrank stellen und ca. 1 Std. vor dem Essen Raumtemperatur annehmen lassen. Dann jeweils eine Salatportion auf einen Teller stürzen, gut durchmischen und den Bohnensalat bei Bedarf mit Salz und Pfeffer abschmecken.

Für 2 Gläser (à ca. 500 ml) • 20 Min. Zubereitung • Pro Portion ca. 685 kcal, 19 g E, 45 g F, 45 g KH

ANTIPASTI-NUDELSALAT

AUS DEM VORRAT

100 g kurze Nudeln
(z. B. Farfalle, Rigatoni)
Salz
3 EL Aceto balsamico
5 EL Olivenöl
1 TL Zucker
Pfeffer
2 EL Pinienkerne
2 Stängel Basilikum
125 g Mini-Mozzarellakugeln
300 g gemischtes Antipasti-
Gemüse (aus dem Glas;
z. B. Zucchini, getrocknete
Tomaten, Artischocken)

1 Die Nudeln in reichlich kochendem Salzwasser nach Packungsanweisung bissfest garen. In ein Sieb abgießen, kalt abschrecken, abtropfen und abkühlen lassen. Inzwischen Essig, Öl, Zucker, Salz und Pfeffer mithilfe einer Gabel verquirlen.

2 Pinienkerne in einer Pfanne ohne Fett rösten und abkühlen lassen. Basilikum waschen, trocken schütteln, Blättchen abzupfen und in feine Streifen schneiden. Mozzarella abtropfen lassen. Antipasti-Gemüse kurz abtropfen lassen und nach Belieben kleiner schneiden.

3 Zuerst das Dressing auf die Gläser verteilen. Nacheinander die Nudeln, Antipasti-Gemüse, Mozzarellakugeln, Basilikum und Pinienkerne darüberschichten. Die Gläser verschließen, in den Kühlschrank stellen und ca. 1 Std. vor dem Essen Raumtemperatur annehmen lassen. Dann jeweils eine Salatportion auf einen Teller stürzen, gut durchmischen und bei Bedarf mit Salz und Pfeffer abschmecken.

ORIENTAL BOWL ◖

SCHARF

FÜR DAS DRESSING

1 TL Harissa (scharfe Würzpaste)
5 EL Olivenöl
Salz

FÜR DEN SALAT

1 Aubergine
Salz
100 g Couscous
1 Frühlingszwiebel
1 Tomate
4 Stängel glatte Petersilie
3 EL Rauchmandeln
2 EL Olivenöl
½ TL Kreuzkümmelsamen

DRESSING: Harissa mit 2 EL Wasser verrühren, das Öl unterschlagen und bei Bedarf mit Salz abschmecken.

SALAT: Aubergine waschen, putzen, 1–2 cm groß würfeln, mit ½ TL Salz bestreuen, durchmischen und Wasser ziehen lassen. Inzwischen Couscous, 100 ml Wasser und 1 Prise Salz in einem kleinen Topf zum Kochen bringen. Topf vom Herd ziehen und den Couscous ca. 5 Min. zugedeckt quellen lassen.

Inzwischen Frühlingszwiebel putzen, waschen und in feine Ringe schneiden. Tomate waschen, halbieren, vom Stielansatz befreien, klein würfeln. Petersilie waschen, trocken schütteln, Blättchen abzupfen und klein hacken. Mandeln grob hacken.

Couscous mit einer Gabel auflockern, 1 EL Öl unterrühren und etwas abkühlen lassen. Übriges Öl (1 EL) in einer Pfanne erhitzen. Auberginenwürfel mit Küchenpapier trocken tupfen und ca. 5 Min. im heißen Öl braten, bis sie beginnen zu bräunen. Frühlingszwiebel und Kreuzkümmel dazugeben und ca. 1 Min. mitbraten. Salzen und etwas abkühlen lassen.

FERTIGSTELLEN: Zuerst das Dressing auf die Gläser verteilen. Nacheinander Couscous, Auberginenmischung, Tomatenwürfel, Petersilie und Rauchmandeln darüberschichten. Gläser verschließen, in den Kühlschrank stellen und ca. 1 Std. vor dem Essen Raumtemperatur annehmen lassen. Dann jeweils eine Salatportion in eine Schüssel stürzen, gut durchmischen und die Bowl bei Bedarf mit Salz und Harissa abschmecken.

Für 2 Gläser (à ca. 500 ml) • 20 Min. Zubereitung • Pro Portion ca. 490 kcal, 18 g E, 39 g F, 17 g KH

COLESLAW MIT GEMÜSECHIPS 🍃

SCHNELL

FÜR DAS DRESSING

5 EL Sahne
4 EL Mayonnaise
Salz, Pfeffer
¼ TL geräuchertes Paprikapulver
(ersatzweise rosenscharfes
Paprikapulver)

FÜR DEN SALAT

50 g Spitzkohl
Salz
1 Möhre (ca. 150 g)
½ Apfel (ca. 100 g)
1 Pck. Räuchertofu (ca. 200 g)

FÜR DAS TOPPING

1 kleine Handvoll Gemüsechips
(Fertigprodukt)

DRESSING: Die Sahne mit Mayonnaise, Salz, Pfeffer und Paprikapulver mithilfe einer Gabel gründlich verrühren.

SALAT: Den Spitzkohl waschen, vom Strunk befreien und in sehr feine Streifen schneiden oder hobeln. In eine Schüssel geben, 1 gute Prise Salz hinzufügen und den Kohl ca. 5 Min. mit den Händen durchkneten, bis er weicher wird.

Möhre putzen, schälen und grob raspeln. Apfel waschen, halbieren, vom Kerngehäuse befreien und ebenfalls grob raspeln. Den Räuchertofu in ca. 1 cm große Würfel schneiden.

FERTIGSTELLEN: Zuerst das Dressing auf die Gläser verteilen. Nacheinander den Apfel, die Möhre, die Kohlstreifen und die Tofuwürfel darüberschichten. Die Gemüsechips in grobe Stücke brechen und separat in einem kleinen Schraubglas oder einer kleinen Plastikbox verpacken. Die Gläser verschließen, in den Kühlschrank stellen und ca. 1 Std. vor dem Essen Raumtemperatur annehmen lassen. Dann jeweils eine Salatportion auf einen Teller stürzen, gut durchmischen und den Coleslaw bei Bedarf mit Salz und Pfeffer abschmecken. Mit den Gemüsechips bestreuen.

Für 2 Gläser (à ca. 720 ml) • 25 Min. Zubereitung • Pro Portion ca. 880 kcal, 30 g E, 76 g F, 21 g KH

SALAT MIT BEEREN UND HALLOUMI 🍃

VITAMINREICH

FÜR DAS DRESSING

3 EL Himbeeressig (ersatzweise
   Aceto balsamico bianco)
4 EL Olivenöl
1 TL Zucker
Salz, Pfeffer

FÜR DEN SALAT

3 EL Salatkerne-Mischung
   (z. B. Kürbis-, Sonnenblumen-
   und Pinienkerne)
1 EL Olivenöl
200 g Halloumi
75 g gemischter Blattsalat
   (z. B. Eichblatt, Spinat, Frisée)
300 g gemischte Beeren (aufgetaute
   TK-Ware oder frisch; z. B. Himbeeren, Heidelbeeren)
1 Avocado

DRESSING: Essig, Öl, Zucker, Salz und Pfeffer in eine Tasse geben und das Dressing mithilfe einer Gabel verquirlen.

SALAT: Salatkerne in einer Pfanne ohne Fett rösten. Herausnehmen und abkühlen lassen. Inzwischen Öl in der Pfanne erhitzen, Halloumi darin in 3–4 Min. auf beiden Seiten goldbraun braten. Herausnehmen, abkühlen lassen und klein würfeln. Inzwischen den Salat putzen, bei Bedarf in mundgerechte Stücke zupfen, waschen und trocken schleudern. Frische Beeren in einem Sieb abbrausen und abtropfen lassen. Avocado halbieren, entkernen, das Fruchtfleisch mit einem Löffel aus der Schale lösen und in Würfel oder Stifte schneiden.

FERTIGSTELLEN: Zuerst das Dressing auf die Gläser verteilen. Nacheinander Avocado, Beeren, Blattsalat, Halloumi und Salatkerne darüberschichten. Gläser verschließen, kühl stellen und ca. 1 Std. vor dem Essen Raumtemperatur annehmen lassen. Dann jeweils eine Portion auf einen Teller stürzen, durchmischen und bei Bedarf mit Salz und Pfeffer abschmecken.

Für 2 Gläser (à ca. 500 ml) • 25 Min. Zubereitung • Pro Portion ca. 540 kcal, 16 g E, 30 g F, 47 g KH

TABOULÉ-SALAT MIT SPECK-DATTELN

AUS DEM ORIENT

100 g Bulgur
Salz
3 getrocknete Datteln
  (entsteint)
60 g durchwachsener Räucher-
  speck (in dünnen Scheiben)
150 g Tomaten
150 g Salatgurke
3 Stängel Minze
2 EL Mandeln
2 EL Zitronensaft
4 EL Olivenöl
1 TL Ahornsirup
Pfeffer

1 Bulgur nach Packungsanweisung in kochendem Salzwasser garen, abkühlen lassen. Inzwischen Datteln klein schneiden und Speck quer in Streifen schneiden. Eine Pfanne erhitzen, Speck darin ohne Fett knusprig braten. Datteln untermischen, Pfanne vom Herd nehmen.

2 Tomaten waschen, vierteln, von den Stielansätzen befreien und klein würfeln. Gurke schälen, längs halbieren, mit einem Löffel entkernen, klein würfeln. Minze waschen, trocken schütteln, Blätter abzupfen und in feine Streifen schneiden. Mandeln grob hacken. Zitronensaft, Öl, Ahornsirup, Salz und Pfeffer mit einer Gabel verquirlen.

3 Zuerst das Dressing auf die Gläser verteilen. Nacheinander Bulgur, Gurke, Tomate, Speck-Datteln, Minze und Mandeln darüberschichten. Gläser verschließen, kühl stellen und ca. 1 Std. vor dem Essen Raumtemperatur annehmen lassen. Dann jeweils eine Portion auf einem Teller durchmischen, mit Salz und Pfeffer abschmecken.

Für 2 Gläser (à ca. 500 ml) • *20 Min. Zubereitung* • *Pro Portion ca. 505 kcal, 24 g E, 38 g F, 24 g KH*

ROTE-BETE-MATJES-SALAT

SCHNELL

200 g vorgegarte Rote Bete
 (vakuumverpackt)
250 g Matjesfilets
1 Apfel
1 Frühlingszwiebel
4 Stängel glatte Petersilie
2 Gewürzgurken
 (aus dem Glas)
1 EL Gewürzgurkensud
5 EL Joghurt (3,5 % Fett)
5 EL Sahne
2 TL süßer Senf
Salz, Pfeffer

1 Rote Bete ca. 1 cm groß würfeln (dabei am besten Einmalhandschuhe anziehen). Matjesfilets ebenfalls ca. 1 cm groß würfeln. Apfel waschen, halbieren, vom Kerngehäuse befreien, klein würfeln. Frühlingszwiebel putzen, waschen und in feine Ringe schneiden. Petersilie waschen, trocken schütteln, Blätter abzupfen und klein hacken.

2 Für das Dressing Gewürzgurken klein würfeln, den Gurkensud mit Joghurt, Sahne und Senf verrühren. Gurkenwürfel untermengen, mit wenig Salz (Matjesfilets sind sehr salzig) und Pfeffer abschmecken.

3 Zuerst das Dressing auf die Gläser verteilen. Nacheinander Apfel, Matjes, Rote Bete, Frühlingszwiebel und Petersilie darüberschichten. Gläser verschließen, kühl stellen und ca. 1 Std. vor dem Essen Raumtemperatur annehmen lassen. Dann jeweils eine Portion auf einen Teller stürzen, gut durchmischen und bei Bedarf mit Salz und Pfeffer abschmecken. Dazu passt Bauernbrot.

LASNUDELSALAT MIT GARNELEN

PIKANT

FÜR DEN SALAT

2 Baby-Pak-Choi
1 EL Sesamöl
50 g feine Glasnudeln
½ Mango
1 rote Chilischote
160 g gegarte Garnelen
   (küchenfertig)
3 EL Wasabi-Erdnüsse
   (nach Belieben; Supermarkt
   oder Asienladen)

FÜR DAS DRESSING

1 EL Honig
1 Stück Ingwer (ca. 2 cm lang)
2 EL Sesamöl
3 EL Austernsauce (Oystersauce;
   Supermarkt oder Asienladen)

SALAT: Pak Choi längs halbieren, vom Strunk befreien und waschen. Blätter samt Stielen quer in ca. 1 cm breite Streifen schneiden. Das Sesamöl in einem Topf erhitzen, den Pak Choi darin ca. 4 Min. zugedeckt andünsten. Abkühlen lassen.

Inzwischen die Glasnudeln in einer Schüssel mit kaltem Wasser bedecken und ca. 10 Min. darin einweichen. Abgießen, zurück in die Schüssel geben, mit heißem Wasser übergießen und ca. 1 Min. darin garen. Erneut abgießen und kalt abschrecken. Abtropfen lassen und nach Belieben mit einer Küchenschere kleiner schneiden. Die Mango schälen, das Fruchtfleisch vom Stein schneiden und ca. 1 cm groß würfeln. Die Chilischote waschen, halbieren, von den Kernen und weißen Trennwänden befreien und fein würfeln. Garnelen abgießen und abtropfen lassen. Die Wasabi-Erdnüsse grob hacken.

DRESSING: Honig mit 2 EL heißem Wasser verrühren, bis er sich aufgelöst hat. Ingwer schälen und fein reiben, mit Sesamöl und Austernsauce zum Honig geben, alles glatt rühren.

FERTIGSTELLEN: Zuerst das Dressing auf die Gläser verteilen. Nacheinander Glasnudeln, Mango, Garnelen, Chili und Pak Choi darüberschichten. Die Wasabi-Erdnüsse separat verpacken. Gläser verschließen, kühl stellen und ca. 1 Std. vor dem Essen Raumtemperatur annehmen lassen. Dann jeweils eine Salatportion auf einen Teller stürzen und gut durchmischen. Den Glasnudelsalat bei Bedarf mit Sesamöl und Austernsauce abschmecken. Mit Wasabi-Erdnüssen bestreuen.

Für 2 Gläser (à ca. 720 ml) • 20 Min. Zubereitung • 25 Min. Garen •
Pro Portion ca. 575 kcal, 25 g E, 40 g F, 27 g KH

KARTOFFELSALAT MIT LACHS UND RUCOLA

EINFACH

FÜR DEN SALAT

400 g vorwiegend festkochende
*   Kartoffeln*
1 Handvoll Rucola
150 g Stremellachs
*   (ersatzweise Räucherlachs)*

FÜR DAS DRESSING

¼ Bund glatte Petersilie
1 EL Aceto balsamico bianco
5 EL Olivenöl
Salz, Pfeffer

SALAT: Die Kartoffeln waschen, in einen weiten Topf geben und gut bis zur Hälfte mit Wasser bedecken. Zum Kochen bringen und die Kartoffeln zugedeckt bei mittlerer Hitze in 20–25 Min. weich garen. Dann abgießen, wieder in den Topf legen und auf der ausgeschalteten Herdplatte ca. 3 Min. ausdampfen lassen. Kartoffeln pellen und je nach Größe in Scheiben schneiden oder längs vierteln und quer in ca. 1 cm breite Stücke schneiden. Dann abkühlen lassen.

Inzwischen den Rucola verlesen, waschen und trocken schleudern. Vom Lachs die Haut entfernen und den Fisch mit einer Gabel in kleine Stücke zerteilen.

DRESSING: Die Petersilie waschen, trocken schütteln und die Blättchen abzupfen. Mit Essig, Olivenöl und 5 EL Wasser in einen hohen Rührbecher geben und pürieren. Das Dressing mit Salz und Pfeffer abschmecken.

FERTIGSTELLEN: Zuerst das Dressing auf die Gläser verteilen. Dann nacheinander Lachs, Kartoffeln und Rucola darüberschichten. Die Gläser verschließen, in den Kühlschrank stellen und ca. 1 Std. vor dem Essen Raumtemperatur annehmen lassen. Dann jeweils eine Salatportion auf einen Teller stürzen, gut durchmischen und den Kartoffelsalat bei Bedarf mit Salz und Pfeffer abschmecken.

REISSALAT SUSHI-STYLE

ASIATISCH

FÜR DEN SALAT

Salz
150 g Wildreis-Langkornreis-
  Mischung
150 g Zuckerschoten
150 g Räucherlachs
½ Nori-Blatt
1 EL eingelegter Ingwer
  (Gari; Asienladen)
1 EL heller Sesam

FÜR DAS DRESSING

3 EL Sojasauce
1 ½ EL Reisessig
5 EL Rapsöl
½ TL Wasabipaste

TAUSCH-TIPP

Den Räucherlachs können Sie durch Surimi, Garnelen oder jeden anderen geräucherten Fisch ersetzen.

SALAT: 500 ml Wasser und 1 TL Salz in einen Topf geben, aufkochen lassen. Reis dazugeben und zugedeckt bei kleiner Hitze nach Packungsanweisung weich garen. Den Reis in ein Sieb abgießen, zurück in den Topf geben und auf der ausgeschalteten Herdplatte ca. 3 Min. ausdampfen lassen.

Inzwischen die Zuckerschoten waschen und die Enden abschneiden. Die Schoten bei Bedarf entfädeln und quer in dünne Streifen schneiden. In einem kleinen Topf ausreichend Wasser zum Kochen bringen, die Zuckerschoten hineingeben und ca. 2 Min. blanchieren. Dann in ein Sieb abgießen, kalt abschrecken und abtropfen lassen.

Den Räucherlachs in mundgerechte Streifen schneiden. Das Nori-Blatt mit einer Küchenschere in feine Streifen schneiden und den eingelegten Ingwer klein schneiden.

DRESSING: Sojasauce, Essig, Öl und Wasabipaste mit einem kleinen Schneebesen glatt verquirlen.

FERTIGSTELLEN: Zuerst das Dressing auf die Gläser verteilen. Nacheinander den Reis, Zuckerschoten, Lachs, eingelegten Ingwer, Sesam und das Nori-Blatt darüberschichten. Die Gläser verschließen, in den Kühlschrank stellen und ca. 1 Std. vor dem Essen Raumtemperatur annehmen lassen. Dann jeweils eine Salatportion auf einen Teller stürzen, gut durchmischen und den Reissalat bei Bedarf mit Salz, Sojasauce und Wasabipaste abschmecken.

Für 2 Gläser (à ca. 720 ml) • 15 Min. Zubereitung • 10 Min. Ziehen •
Pro Portion ca. 580 kcal, 14 g E, 48 g F, 22 g KH

BREZELSALAT MIT GELBWURST

FÜR KINDER

1 Brezel
100 ml Gemüsebrühe
2 TL süßer Senf
Salz, Pfeffer
1 EL Aceto balsamico bianco
4 EL Rapsöl
6 Cornichons
150 g Radieschen
200 g Gelbwurst
    (in dünnen Scheiben;
    ersatzweise Fleischkäse)

1 Die Brezel in 1–2 cm große Stücke schneiden. Eine Pfanne erhitzen und die Brezelstücke darin ohne Fett bei mittlerer Hitze unter mehrmaligem Wenden knusprig rösten.

2 Brühe, Senf, Salz, Pfeffer, Essig und Öl mit einer Gabel verquirlen. Die Cornichons klein würfeln. Die Radieschen putzen, waschen und in feine Scheiben schneiden. Von der Gelbwurst bei Bedarf die Haut abziehen und die Scheiben in schmale Streifen schneiden.

3 Zuerst das Dressing auf die Gläser verteilen. Nacheinander die Gelbwurst, Cornichons, Radieschen und die Brezelstücke darüberschichten. Die Gläser verschließen, in den Kühlschrank stellen und ca. 1 Std. vor dem Essen Raumtemperatur annehmen lassen. Dann jeweils eine Salatportion auf einen Teller stürzen, gut durchmischen und ca. 10 Min. ziehen lassen. Den Brezelsalat bei Bedarf mit Salz, Pfeffer und Essig abschmecken.

Für 2 Gläser (à ca. 720 ml) • 30 Min. Zubereitung • 10 Min. Ziehen •
Pro Portion ca. 505 kcal, 25 g E, 26 g F, 35 g KH

BROTSALAT MIT PILZEN UND SPECK

HERBST-REZEPT

100 g Sauerteigbrot
(in Scheiben; z. B. Bauern-
brot, Frankenlaib)
100 ml Gemüsebrühe
1 ½ TL scharfer Senf
Salz, Pfeffer
2 EL Aceto balsamico
3 EL Rapsöl
1 ½ TL Zucker
1 Zwiebel
400 g gemischte Pilze
(z. B. Pfifferlinge, Champig-
nons, Kräuterseitlinge)
4 Stängel glatte Petersilie
150 g durchwachsener
Räucherspeck

1 Brotscheiben würfeln, in einer Pfanne ohne Fett knusprig rösten und auf einem Teller abkühlen lassen. Brühe, Senf, Salz, Pfeffer, Essig, Öl und Zucker mit einer Gabel verquirlen. Zwiebel schälen und klein würfeln. Pilze säubern, putzen und mundgerecht zerkleinern.

2 Petersilie waschen, trocken schütteln, Blättchen abzupfen und klein hacken. Speck in dünne Streifen schneiden, in einer Pfanne bei großer Hitze knusprig auslassen und auf Küchenpapier abtropfen lassen. Zwiebel und Pilze in die Pfanne geben und 5–7 Min. braten, bis die Pilze leicht gebräunt sind, dann salzen und pfeffern.

3 Zuerst das Dressing auf die Gläser verteilen. Nacheinander Pilze, Brotwürfel, Petersilie und Speck darüberschichten. Gläser verschließen, kühl stellen und ca. 1 Std. vor dem Essen Raumtemperatur annehmen lassen. Dann jeweils eine Portion auf einem Teller durchmischen, ca. 10 Min. ziehen lassen. Mit Salz und Pfeffer abschmecken.

Für 2 Gläser (à ca. 720 ml) • *25 Min. Zubereitung* • *Pro Portion ca. 655 kcal, 39 g E, 41 g F, 31 g KH*

ORANGENSALAT MIT HÄHNCHEN UND OLIVEN

AROMATISCH

300 g Hähnchenbrustfilet
4 EL Olivenöl
Salz, Pfeffer
1 TL getrockneter Thymian
2 große Orangen (ca. 800 g)
1 rote Zwiebel
40 g Rucola
½ TL Honig
20 schwarze Oliven
   (entsteint; z. B. Kalamata)

TAUSCH-TIPP

Der Salat schmeckt auch vegetarisch: Nehmen Sie einfach 250 g Feta oder Büffelmozzarella statt des gebratenen Hähnchenbrustfilets. Wer mag, streut noch Petersilie darüber.

1 Das Hähnchenbrustfilet mit Küchenpapier trocken tupfen und quer in mundgerechte Streifen schneiden. 1 EL Öl in einer Pfanne erhitzen und das Hähnchenbrustfilet darin in ca. 4 Min. bei mittlerer bis starker Hitze goldbraun braten. Dann mit Salz, Pfeffer und Thymian würzen, aus der Pfanne nehmen und auskühlen lassen.

2 Inzwischen von den Orangen die Schale samt weißer Haut mit einem scharfen Messer entfernen. Orangen quer in ½–1 cm dicke Scheiben schneiden und diese je nach Größe sechsteln oder achteln, dabei den austretenden Saft auffangen.

3 Den aufgefangenen Orangensaft mit dem restlichen Olivenöl (3 EL), Salz und Pfeffer verquirlen und abschmecken. Die Zwiebel schälen, längs halbieren und quer in dünne Halbringe schneiden. Rucola verlesen, waschen und trocken schleudern.

4 Die Pfanne nochmals erhitzen und die Zwiebel im verbliebenen Bratfett in ca. 3 Min. bei mittlerer Hitze glasig dünsten. Den Honig dazugeben und karamellisieren lassen.

5 Zuerst das Dressing auf die Gläser verteilen. Nacheinander die Orangen, Oliven, Zwiebel, Hähnchenstreifen und Rucola darüberschichten. Die Gläser verschließen, in den Kühlschrank stellen und ca. 1 Std. vor dem Essen Raumtemperatur annehmen lassen. Dann jeweils eine Salatportion auf einen Teller stürzen, gut durchmischen und den Orangen-Hähnchen-Salat bei Bedarf mit Salz und Pfeffer abschmecken.

GEBACKENER SÜSSK
SALAT MIT HACKB

LEICHT GEMACHT

6 EL Olivenöl
1 kleine Süßkartoffel (ca. 300 g)
Salz
150 g Rinderhackfleisch
Pfeffer
1 TL gemahlener Kreuzkümmel
1 kleines Bund Koriandergrün
1 Bio-Limette
1 TL Zucker
1 Avocado
2 Strauchtomaten
100 g Schafskäse (Feta)

1 Den Backofen auf 200° v ... Backblech mit ½ EL Öl einpinseln. Die Süßkartoffel schälen, 1–2 cm groß würfeln, auf einer Hälfte des Blechs verteilen und salzen. Hackfleisch, Salz, Pfeffer und Kreuzkümmel in einer Schüssel mit den Händen gut durchkneten. Acht Bällchen daraus formen und diese auf die freie Hälfte des Blechs setzen. Kartoffelwürfel und Bällchen mit 1 ½ EL Öl beträufeln und im heißen Ofen (Mitte) ca. 15 Min. backen, bis die Hackbällchen gar und die Kartoffeln weich sind.

2 Inzwischen Koriandergrün waschen, Blättchen abzupfen und fein hacken. Limette heiß waschen, trocken tupfen, ½ TL Schale abreiben und den Saft auspressen. 2 EL Limettensaft mit dem Limettenabrieb, der Hälfte des Korianders, dem übrigen Olivenöl (4 EL), Salz, Pfeffer und Zucker verquirlen, danach das Dressing abschmecken. Die Avocado halbieren, entkernen, das Fruchtfleisch mit einem Löffel aus der Schale lösen und ca. 1 cm groß würfeln. Die Tomaten waschen, von den Stielansätzen befreien und ebenfalls ca. 1 cm groß würfeln. Feta grob zerbröckeln oder klein würfeln.

3 Zuerst das Dressing auf die Gläser verteilen. Nacheinander Avocado, Tomaten, Süßkartoffel, Hackbällchen, Feta und das restliche Koriandergrün darüberschichten. Die Gläser verschließen, in den Kühlschrank stellen und ca. 1 Std. vor dem Essen Raumtemperatur annehmen lassen. Dann jeweils eine Salatportion auf einen Teller stürzen, gut durchmischen und den Süßkartoffelsalat bei Bedarf mit Salz und Pfeffer abschmecken.

GU CLOU

Für diesen Salat garen Süßkartoffeln und Hackbällchen gemeinsam auf einem Backblech und sind auch noch gleichzeitig fertig. Das spart Zeit, Aufwand und Energie – so ist der raffinierte Salat im Handumdrehen fertig! Wer die Hackbällchen lieber medium mag, gibt sie einfach ca. 5 Min. später zu den Kartoffeln aufs Blech.

SUPPEN

Für 2 Gläser (à ca. 500 ml) • 20 Min. Zubereitung • Pro Portion ca. 235 kcal, 15 g E, 12 g F, 16 g KH

KICHERERBSEN-FETA-SUPPE 🌿

AUS DEM VORRAT

*1 Dose Kichererbsen
    (ca. 250 g Abtropfgewicht)
100 g Schafskäse (Feta)
½ Dose stückige Tomaten
    (200 g)
1 TL Ras el Hanout (orientali-
    sche Gewürzmischung)
1 TL Gemüsebrühe (Instant)
Salz, Pfeffer*

1 Die Kichererbsen in ein Sieb abgießen, kalt abbrausen und ab-tropfen lassen. Den Feta in 1–2 cm große Stücke schneiden.

2 Zuerst die Tomaten auf die Gläser verteilen. Nacheinander Ras el Hanout, Brühepulver, Salz, Pfeffer, Kichererbsen und Feta darüber-schichten. Die Gläser verschließen und in den Kühlschrank stellen.

3 Vor dem Essen die Gläser am besten Raumtemperatur annehmen lassen. Pro Glas 200 ml Wasser zum Kochen bringen und über die Zutaten im Glas gießen. Dann verschließen und 5–10 Min. stehen lassen, dabei immer wieder kräftig schwenken, damit die Suppe gleichmäßig heiß wird. Die Kichererbsen-Feta-Suppe in einen tiefen Teller oder eine Schale füllen.

Für 2 Gläser (à ca. 500 ml) • 20 Min. Zubereitung • Pro Portion ca. 365 kcal, 19 g E, 13 g F, 41 g KH

TORTELLINI-SUPPE MIT SPINAT

AUS DEM VORRAT

4 getrocknete Tomaten (in Öl)
20 g Parmesan
100 g TK-Blattspinat
  (aufgetaut)
1 TL Gemüsebrühe (Instant)
2 EL Basilikumpesto
  (aus dem Glas)
Salz, Pfeffer
250 g frische Tortellini
  (aus dem Kühlregal)

1 Die getrockneten Tomaten abtropfen lassen und in feine Streifen oder Würfel schneiden. Den Parmesan fein reiben.

2 Zuerst den Spinat auf die Gläser verteilen. Nacheinander Brühepulver, Pesto, Salz, Pfeffer, Tortellini, Tomaten und Parmesan darüberschichten. Gläser verschließen und in den Kühlschrank stellen.

3 Vor dem Essen die Gläser am besten Raumtemperatur annehmen lassen. Pro Glas 300 ml Wasser zum Kochen bringen und über die Zutaten im Glas gießen. Dann verschließen und 5–10 Min. stehen lassen, dabei immer wieder kräftig schwenken, damit die Suppe gleichmäßig heiß wird. Die Tortellini-Suppe in einen tiefen Teller oder eine Schale füllen.

RATATOUILLE-SUPPE 🌿

SOMMER-REZEPT

1 gelbe Paprika (ca. 200 g)
2 Tomaten (ca. 150 g)
400 g Zucchini
1 Knoblauchzehe (nach Belieben)
1 Zweig Rosmarin
2 EL Olivenöl
1 EL Tomatenmark
Salz, Pfeffer
½ TL getrockneter Thymian
1 TL Gemüsebrühe (Instant)
4 EL schwarze Oliven (entsteint)

1 Paprika waschen, halbieren, von Kernen und weißen Trennwänden befreien und ca. 1 cm groß würfeln. Tomaten waschen, halbieren, von den Stielansätzen befreien und klein würfeln. Zucchini waschen, putzen, ebenfalls in kleine Würfel schneiden. Knoblauch schälen und fein hacken. Rosmarin waschen und trocken schütteln, Nadeln abzupfen und grob hacken.

2 In einer Pfanne ½ EL Öl erhitzen, Knoblauch ca. 1 Min. bei mittlerer Hitze darin andünsten. Tomatenmark zugeben und leicht anrösten. Dann Tomaten und Rosmarin ca. 2 Min. mitgaren. Alles mit Salz, Pfeffer und Thymian würzen und auf die Gläser verteilen. Das Brühepulver darüberstreuen.

3 1 EL Öl in der Pfanne erhitzen und die Zucchiniwürfel darin bei mittlerer bis großer Hitze 4–5 Min. braten, bis sie weich sind. Leicht salzen und pfeffern, dann die Zucchini in die Gläser auf die Tomatenmischung schichten. Das restliche Öl (½ EL) in der Pfanne erhitzen, die Paprika in ca. 3 Min. darin weich dünsten, danach etwas abkühlen lassen. Paprika und Oliven auf den Zucchiniwürfeln in den Gläser verteilen. Die Gläser verschließen und in den Kühlschrank stellen.

4 Vor dem Essen die Gläser am besten Raumtemperatur annehmen lassen. Pro Glas 250 ml Wasser zum Kochen bringen und über die Zutaten im Glas gießen. Dann verschließen und 5–10 Min. stehen lassen, dabei immer wieder kräftig schwenken, damit die Suppe gleichmäßig heiß wird. Die Ratatouille-Suppe in einen tiefen Teller oder eine Schale füllen.

KOKOSSUPPE MIT MIE-NUDELN 🌿

SCHARF

500 g Romanesco (ca. 300 g ge-
putzt; ersatzweise Brokkoli)
Salz
200 g Austernpilze
(ersatzweise Shiitake, Champig-
nons oder Kräuterseitlinge)
200 g Kokosmilch
1 ½ TL rote Thai-Currypaste
1 TL Rapsöl
1 Stück Ingwer (ca. 2 cm lang)
1 TL Gemüsebrühe (Instant)
50 g Mie-Nudeln
½ Bund Koriandergrün

1 Den Romanesco waschen, putzen, in kleine Röschen teilen und in ausreichend kochendem Salzwasser ca. 5 Min. garen. Inzwischen Austernpilze trocken säubern, harte Stielansätze abschneiden und die Pilze in mundgerechte Streifen schneiden.

2 Von der Kokosmilch den festen »Rahm« obenauf abnehmen und mit 1 TL Currypaste in einer Pfanne erhitzen. Bei großer Hitze ca. 1 Min. unter ständigem Rühren anrösten, bis in der Kokosmilch kleine Löcher zu sehen sind. Dann das Öl unterrühren und die Pilze bei mittlerer Hitze ca. 4 Min. darin garen. Die restliche Kokosmilch dazugießen, salzen und alles ca. 2 Min. köcheln lassen. Dann mit der restlichen Currypaste (ca. ½ TL) abschmecken. Ingwer schälen und fein reiben.

3 Zuerst die Pilzmischung auf die Gläser verteilen, dann das Brühepulver und den Ingwer darüberstreuen. Den Romanesco daraufschichten. Zuletzt die Mie-Nudeln grob zerbröckeln und darübergeben. Die Gläser verschließen und in den Kühlschrank stellen. Das Koriandergrün waschen und trocken schütteln, die Blättchen abzupfen, klein schneiden und separat verpacken.

4 Vor dem Essen die Gläser am besten Raumtemperatur annehmen lassen. Pro Glas 250 ml Wasser zum Kochen bringen und über die Zutaten im Glas gießen. Dann verschließen und 5–10 Min. stehen lassen, dabei immer wieder kräftig schwenken, damit die Suppe gleichmäßig heiß wird und die Nudeln garen. Die Kokossuppe in einen tiefen Teller oder eine Schale füllen und mit dem Koriandergrün bestreuen.

1

2

3

GEMÜSESUPPE MIT GRIESSNOCKEN 🌿

LEICHT GEMACHT

4

5

6

75 ml Milch
1 EL Butter
Salz
50 g Weichweizengrieß
1 Möhre
1 sehr dünne Stange Lauch
2 Stängel Petersilie
1 Ei (M)
1 TL Gemüsebrühe (Instant)
Pfeffer

TIPP

Für eine selbst gemachte Würzpaste (statt Gemüsebrühepulver)
400–600 g Suppengemüse (Möhren, Knollensellerie, Lauch, Zwiebel, Knoblauch, Petersilie, Lieb-
stöckel) waschen, putzen und in
grobe Stücke schneiden. Alles
mischen und im Blitzhacker so
fein wie möglich hacken. Abwie-
gen und ein Drittel des Gewichts
an Salz sowie nach Belieben
2 TL gemahlene Kurkuma untermischen. Die Würzpaste ist in einem Schraubglas (ca. 600 ml) im
Kühlschrank ca. 6 Monate haltbar.

1 Die Milch mit der Butter und 1 Prise Salz in einem kleinen
Topf zum Kochen bringen. Den Grieß einstreuen und unterrühren (Bild 1). Den Topf vom Herd nehmen und den Grießbrei
etwas abkühlen lassen. Inzwischen die Möhre putzen, schälen
und mit einem Spiralschneider oder einem Sparschäler in
lange, dünne Gemüsenudeln schneiden (Bild 2). Den Lauch
putzen, längs halbieren, gründlich waschen und in ca. 5 cm
lange, dünne Streifen schneiden. Die Petersilie waschen und
trocken schütteln, die Blättchen abzupfen und klein hacken.

2 Das Ei unter den Grießbrei rühren, sodass eine gleichmä-
ßige Masse ohne Klümpchen entsteht. Reichlich Salzwasser in
einem Topf zum Kochen bringen. Zuerst die Möhren-Nudeln
ca. 1 Min., dann die Lauchstreifen ca. 2 Min. darin blanchieren,
beides jeweils mit einem Schaumlöffel aus dem Topf in eine
Schüssel mit kaltem Wasser heben (Bild 3).

3 Mit zwei angefeuchteten Teelöffeln kleine Portionen von der
Grießmasse abstechen und diese zu Nocken formen (Bild 4).
Die Grießnocken in das siedende Salzwasser gleiten lassen.
Wenn sie an die Wasseroberfläche steigen, die Nocken mit
dem Schaumlöffel herausheben. Möhre und Lauch abgießen,
auf die Gläser verteilen. Nacheinander Brühepulver, Grießno-
cken, Salz, Pfeffer und Petersilie darüberschichten (Bild 5). Die
Gläser verschließen und in den Kühlschrank stellen.

4 Vor dem Essen die Gläser am besten Raumtemperatur annehmen lassen. Pro Glas 300 ml Wasser zum Kochen bringen
und über die Zutaten im Glas gießen. Dann verschließen und
5–10 Min. stehen lassen, dabei immer wieder kräftig schwenken, damit die Suppe gleichmäßig heiß wird. Gemüsesuppe in
einen tiefen Teller oder eine Schale füllen (Bild 6).

Für 2 Gläser (à ca. 500 ml) • 35 Min. Zubereitung • Pro Portion ca. 475 kcal, 32 g E, 28 g F, 23 g KH

CURRY-MÖHRENSUPPE MIT HÄHNCHEN

EINFACH

400 g Möhren
1 Stück Ingwer (ca. 1 cm lang)
2 EL Öl
1 TL Gemüsebrühe (Instant)
1 ½ TL Currypulver
2 EL Rosinen
Salz, Pfeffer
250 g Hähnchenbrustfilet
1 TL Honig
4 Stängel Petersilie
100 g Sahne

1 Die Möhren putzen, schälen, längs halbieren und quer in ½–1 cm breite Stücke schneiden. Ingwer schälen und fein reiben. 1 EL Öl in einem Topf erhitzen und die Möhren ca. 1 Min. darin andünsten. Brühepulver, Ingwer und Currypulver zugeben und ca. 1 Min. mitdünsten, dann Rosinen und 100 ml Wasser zugeben. Alles salzen und pfeffern, aufkochen lassen und zugedeckt bei mittlerer Hitze ca. 7 Min. köcheln.

2 Inzwischen das Hähnchenbrustfilet trocken tupfen, längs halbieren und quer in mundgerechte Stücke schneiden. Das restliche Öl (1 EL) in einer Pfanne erhitzen und die Hähnchenstücke ca. 5 Min. darin braten. Beginnen sie zu bräunen, den Honig dazugeben und karamellisieren lassen, dann salzen und pfeffern. Die Petersilie waschen und trocken schütteln, die Blättchen abzupfen und klein hacken.

3 Zuerst die Sahne auf die Gläser verteilen. Nacheinander die Möhren-Rosinen-Mischung samt Garflüssigkeit, die Hähnchenstücke und die Petersilie darüberschichten. Zuletzt die Gläser verschließen und in den Kühlschrank stellen.

4 Vor dem Essen die Gläser am besten Raumtemperatur annehmen lassen. Pro Glas 150 ml Wasser zum Kochen bringen und über die Zutaten im Glas gießen. Dann verschließen und 5–10 Min. stehen lassen, dabei immer wieder kräftig schwenken, damit die Suppe gleichmäßig heiß wird. Die Curry-Möhrensuppe in einen tiefen Teller oder eine Schale füllen.

Für 2 Gläser (à ca. 600 ml) • *35 Min. Zubereitung* • *Pro Portion ca. 510 kcal, 30 g E, 35 g F, 20 g KH*

FENCHEL-MINESTRONE MIT MAKRELE

AUS ITALIEN

50 g reisförmige Nudeln
  (z. B. Kritharaki, Risoni)
Salz
400 g Fenchel mit schönem Grün
200 g Tomaten
3 EL Olivenöl
1 TL Tomatenmark
Pfeffer
30 g Parmesan
½ TL Fenchelsamen
200 g geräucherte Makrelenfilets
1 TL Gemüsebrühe (Instant)

1 Nudeln in kochendem Salzwasser nach Packungsanweisung bissfest garen. In ein Sieb abgießen, kalt abschrecken und abtropfen lassen. Inzwischen den Fenchel waschen und putzen, Fenchelgrün beiseitelegen. Die Fenchelknollen halbieren, vom Strunk befreien und ca. 1 cm groß würfeln. Tomaten waschen, von den Stielansätzen befreien und klein würfeln.

2 1 EL Öl in einer Pfanne erhitzen, den Fenchel darin bei mittlerer Hitze ca. 5 Min. andünsten. Tomatenmark untermengen und ca. 2 Min. mitbraten. Die Tomaten dazugeben und weitere 2 Min. köcheln. Salzen, pfeffern und etwas abkühlen lassen.

3 Inzwischen Parmesan fein reiben und die Fenchelsamen im Mörser zerstoßen. Das Fenchelgrün fein hacken und mit Parmesan, Fenchelsamen und dem restlichen Öl (2 EL) verrühren. Die Makrelenfilets häuten und in kleine Stücke schneiden.

4 Zuerst die Fenchel-Tomaten-Mischung auf die Gläser verteilen. Nacheinander Brühepulver, Makrele, Nudeln und das Fenchelgrün-Pesto darüberschichten. Die Gläser verschließen und in den Kühlschrank stellen.

5 Vor dem Essen die Gläser am besten Raumtemperatur annehmen lassen. Pro Glas 250 ml Wasser zum Kochen bringen und über die Zutaten im Glas gießen. Dann verschließen und 5–10 Min. stehen lassen, dabei immer wieder kräftig schwenken, damit die Suppe gleichmäßig heiß wird. Die Minestrone in einen tiefen Teller oder eine Schale füllen.

Für 2 Gläser (à ca. 600 ml) • *25 Min. Zubereitung* • *Pro Portion ca. 445 kcal, 22 g E, 24 g F, 33 g KH*

CHILI-CON-CARNE-EINTOPF

SCHNELL

1 kleine Zwiebel
1 kleine Paprika (ca. 150 g)
1 EL Öl
150 g Schweinehackfleisch
100 g Ajvar
(Paprikapaste; aus dem Glas)
Salz, Pfeffer
1 TL gemahlener Kreuzkümmel
1 kleine Dose Kidneybohnen
(125 g Abtropfgewicht)
1 kleine Dose Mais
(140 g Abtropfgewicht)

GU CLOU

Chili con Carne schmeckt nur, wenn es lange geschmort wurde? Nein, dank Schweinehackfleisch, das auch kurz gebraten zart ist, plus deftigem Würzpep via Ajvar, kommen Sie auch bei dieser Ratzfatz-Variante voll auf Ihre Kosten!

1 Die Zwiebel schälen und fein würfeln. Die Paprika waschen, halbieren, von Kernen und weißen Trennwänden befreien und in kleine Würfel schneiden. Öl in einer Pfanne erhitzen und das Hackfleisch darin bei großer Hitze unter Rühren krümelig braten. Zwiebel- und Paprikawürfel zugeben und ca. 5 Min. bei mittlerer Hitze mitbraten. Das Ajvar unterrühren und 1–2 Min. mitbraten. Die Hackfleischmischung kräftig mit Salz, Pfeffer und Kreuzkümmel abschmecken und etwas abkühlen lassen.

2 Inzwischen Bohnen und Mais getrennt voneinander in ein Sieb abgießen, kalt abspülen und abtropfen lassen. Zuerst die Hackfleischmischung auf die Gläser verteilen, dann nacheinander Mais und Bohnen darüberschichten. Die Gläser verschließen und in den Kühlschrank stellen.

3 Vor dem Essen die Gläser am besten Raumtemperatur annehmen lassen. Pro Glas 300 ml Wasser zum Kochen bringen und über die Zutaten im Glas gießen. Dann verschließen und 5–10 Min. stehen lassen, dabei immer wieder kräftig schwenken, damit der Eintopf gleichmäßig heiß wird. In einen tiefen Teller oder eine Schale füllen.

Für 2 Gläser (à ca. 600 ml) • *40 Min. Zubereitung* • *Pro Portion ca. 490 kcal, 33 g E, 33 g F, 16 g KH*

ASIA-LAUCHSUPPE MIT FISCHBÄLLCHEN

PIKANT

2 Stangen Lauch
4 EL Öl
1 Stück Ingwer (ca. 2 cm lang)
400 g Fischfilet
   (z. B. Kabeljau, Rotbarsch)
3 EL Sojasauce
6 EL Ketchup
1 TL Gemüsebrühe (Instant)
1 TL Sambal Oelek

1 Den Lauch putzen, längs aufschneiden, gründlich unter flie-ßendem Wasser waschen und quer in ca. 1 cm breite Streifen schneiden. 1 EL Öl in einer Pfanne erhitzen, den Lauch darin bei mittlerer Hitze unter gelegentlichem Rühren in ca. 10 Min. zugedeckt weich dünsten. Dann etwas abkühlen lassen.

2 Inzwischen den Ingwer schälen und fein reiben. Das Fisch-filet mit Küchenpapier trocken tupfen und zuerst in grobe Wür-fel schneiden, dann im Blitzhacker fein hacken. Mit der Hälfte des Ingwers und 1 EL Sojasauce in eine Schüssel geben. Die Masse mit den Händen gut durchkneten und ca. 20 kleine Fischbällchen daraus formen.

3 Das restliche Öl (3 EL) in einer zweiten beschichteten Pfanne erhitzen. Die Fischbällchen darin bei mittlerer bis großer Hitze rundherum goldbraun braten, dann etwas abkühlen lassen.

4 Ketchup, restliche Sojasauce (2 EL), Brühepulver, restlichen Ingwer und Sambal Oelek verrühren und auf die Gläser vertei-len. Zuerst den Lauch, dann die Fischbällchen darüberschich-ten. Die Gläser verschließen und in den Kühlschrank stellen.

5 Vor dem Essen die Gläser am besten Raumtemperatur an-nehmen lassen. Pro Glas 250 ml Wasser zum Kochen bringen und über die Zutaten im Glas gießen. Dann verschließen und 5–10 Min. stehen lassen, dabei immer wieder kräftig schwen-ken, damit die Suppe gleichmäßig heiß wird. Die Lauchsuppe in einen tiefen Teller oder eine Schale füllen.

SÜSS & FRUCHTIG

BEEREN-BOWL MIT
PUMPERNICKEL-GRANOLA 🍃

LEICHT GEMACHT

1 Scheibe Pumpernickel
4 EL Kokos-Chips
2 TL Ahornsirup
2 große Bananen
250 g Heidelbeeren
50 g Himbeeren
200 ml Kokos-Mandel-Drink
2 EL Açai-Pulver (nach Belieben)

1 Den Pumpernickel mit den Fingern in kleine Stücke bröseln. Die Brösel in einer Pfanne ohne Fett bei mittlerer bis großer Hitze 5–8 Min. unter gelegentlichem Rühren rösten, bis sie trocken sind. Dann die Hitze reduzieren, Kokos-Chips zugeben und mitrösten, bis sie leicht gebräunt sind. Den Ahornsirup dazugießen und alles gut durchmischen. Die Pumpernickel-Granola abkühlen lassen und in einem kleinen Glas oder in einer kleinen Dose separat verpacken.

2 Beide Bananen schälen, eine in grobe Stücke, die andere in dünne Scheiben schneiden. Heidelbeeren und Himbeeren getrennt voneinander abbrausen und gut abtropfen lassen. Die groben Bananenstücke mit 200 g Heidelbeeren, dem Kokos-Mandel-Drink und nach Belieben mit dem Açai-Pulver in einen hohen Rührbecher geben. Alles zu einem festen, puddingähnlichen Smoothie pürieren.

3 Den Smoothie auf die Gläser verteilen. Die Bananenscheiben, die restlichen Heidelbeeren und die Himbeeren darauf anrichten. Die Gläser verschließen, in den Kühlschrank stellen und ca. 1 Std. vor dem Essen Raumtemperatur annehmen lassen. Dann die Granola über die Beeren-Bowl streuen und alles direkt aus dem Glas löffeln.

GRÜNE SMOOTHIE-BOWL 🌿

BALLASTSTOFFREICH

1 Mango
1 kleine Papaya (ca. 400 g)
1 Avocado
50 g Feldsalat
1 Limette
250 g Kefir
2 EL Cashewkerne
1 EL Bananen-Chips
1 EL getrocknete Ananasstücke
1 EL Kokos-Chips

TIPP

Statt das Nuss-Frucht-Topping selbst zusammenzustellen, können Sie auch einfach Studentenfutter verwenden: entweder ein klassischer Mix aus Nüssen und Rosinen oder eine exotische Mischung.

1 Die Mango schälen, das Fruchtfleisch vom Stein schneiden und klein würfeln. Die Papaya putzen, schälen und halbieren, die Kerne mit einem Löffel herauskratzen und das Fruchtfleisch klein würfeln. Die Avocado halbieren und entkernen, das Fruchtfleisch mit einem Löffel aus der Schale lösen und klein würfeln. Den Feldsalat verlesen, waschen und abtropfen lassen. Die Limette auspressen.

2 Den Kefir mit dem Limettensaft, den Avocadowürfeln, dem Feldsalat und jeweils der Hälfte von den Mango- und Papayawürfeln in einen hohen Rührbecher geben. Alles zu einem zähflüssigen, puddingähnlichen Smoothie pürieren.

3 Den Smoothie auf die Gläser verteilen. Die übrigen Mango- und Papayastücke darauf anrichten. Die Cashewkerne und die Bananen-Chips grob hacken, die Ananasstücke bei Bedarf kleiner schneiden und alles vermischen. Dann die Nuss-Frucht-Mischung auf das Obst im Glas streuen und die Kokos-Chips darauf verteilen. Die Gläser verschließen, in den Kühlschrank stellen und ca. 1 Std. vor dem Essen Raumtemperatur annehmen lassen. Die Smoothie-Bowl direkt aus dem Glas löffeln.

Für 2 Gläser (à ca. 500 ml) • 15 Min. Zubereitung • 12 Std. Kühlen • Pro Portion ca. 380 kcal, 13 g E, 12 g F, 51 g KH

OVERNIGHT OATS MIT FRÜCHTEN ◖

VITAMINREICH

1 Orange
1 Birne (ca. 200 g)
100 g kernige Haferflocken
2 EL Rosinen
100 g Joghurt
3 EL Kürbiskerne

1 Die Orange quer halbieren. Eine Hälfte auspressen, die andere Hälfte schälen und klein würfeln. Die Birne waschen, vierteln, vom Kerngehäuse befreien und klein würfeln, gleich mit 1 EL frisch gepresstem Orangensaft und den Orangenwürfeln vermischen.

2 Die Haferflocken und die Rosinen auf die Gläser verteilen. Den restlichen Orangensaft, Joghurt und 100 ml Wasser glatt rühren, zur Haferflocken-Rosinen-Mischung gießen und alles gut durchrühren. Die Birnen-Orangen-Mischung darüberschichten.

3 Kürbiskerne in einer Pfanne ohne Fett unter Rühren anrösten, etwas abkühlen lassen und auf die Birnen-Orangen-Mischung geben. Die Gläser verschließen, über Nacht kühl stellen und ca. 1 Std. vor dem Essen Raumtemperatur annehmen lassen. Die Overnight Oats in eine Schale stürzen und vermischen. Falls sie zu fest geworden sind, etwas Wasser oder Orangensaft untermengen.

Für 2 Gläser (à ca. 500 ml) • 15 Min. Zubereitung • 12 Std. Kühlen • Pro Portion ca. 385 kcal, 12 g E, 10 g F, 60 g KH

ERDBEER-SCHOKO-MÜSLI 🌿

FRÜHLINGS-REZEPT

400 g Erdbeeren
100 g Dinkelflocken
200 ml Milch
gemahlene Vanille
2 TL Agavendicksaft
   (ersatzweise Honig)
30 g weiße Schokolade

1 Die Erdbeeren waschen und putzen, die grünen Kelchblätter entfernen und die Erdbeeren in kleine Würfel schneiden.

2 Die Dinkelflocken auf die Gläser verteilen. Die Milch mit 2 Prisen Vanille und dem Agavendicksaft glatt rühren und über die Flocken gießen. Alles gut vermengen und die Erdbeeren darüberschichten. Die Schokolade mit einem Sparschäler in Späne hobeln oder mit einem Messer klein hacken. Auf die Erdbeeren streuen.

3 Die Gläser verschließen und mindestens 5 Std., am besten über Nacht in den Kühlschrank stellen. Ca. 1 Std. vor dem Essen Raumtemperatur annehmen lassen. Dann das Erdbeer-Schoko-Müsli in eine Schale stürzen, gut durchmischen und bei Bedarf noch etwas Milch oder Wasser untermengen.

Für 2 Gläser (à ca. 720 ml) • *25 Min. Zubereitung* • *Pro Portion ca. 445 kcal, 8 g E, 22 g F, 53 g KH*

MELONENSALAT MIT JOGHURT UND WALNÜSSEN ◗

EINFACH

50 g Zartweizen (vorgegarte Wei-
  zenkörner; »Sonnenweizen«)
250 g griechischer Joghurt
  (10 % Fett)
2 EL Honig
¼ TL Zimtpulver
4 EL Walnusskerne
700 g Netzmelone
  (ca. 300 g Fruchtfleisch)

TAUSCH-TIPP

Statt der Netzmelone passen
auch Honig-, Cantaloupe- oder
Wassermelone – oder anderes
Obst der Saison: im Frühling am
besten Erdbeeren, im Sommer
Feigen und im Winter Orangen.

1 200 ml Wasser in einem kleinen Topf zum Kochen bringen. Den Zartweizen einstreuen und nach Packungsanweisung garen, dann in ein Sieb abgießen.

2 Inzwischen den Joghurt mit 1 ½ EL Honig und Zimtpulver in eine Rührschüssel geben und glatt rühren (cremigen, festen Honig dazu mit 2 EL warmem Wasser verrühren, damit er sich löst und besser mischen lässt).

3 Die Walnüsse grob hacken und in einer Pfanne ohne Fett rösten, bis sie anfangen zu duften. Den restlichen Honig (½ EL) unterrühren und karamellisieren lassen. Dann die Nüsse auf einen Teller geben, mithilfe von zwei Gabeln in kleinere Stücke zerteilen und kurz abkühlen lassen. Inzwischen die Melone von der Schale und den Kernen befreien und klein würfeln.

4 Den Zartweizen auf die Gläser verteilen. Nacheinander die Melonenstücke, die Joghurtcreme und die karamellisierten Walnüsse darüberschichten. Die Gläser verschließen, in den Kühlschrank stellen und ca. 1 Std. vor dem Essen Raumtemperatur annehmen lassen. Den Melonensalat in eine Schale stürzen und durchmischen.

Für 2 Gläser (à ca. 500 ml) • 25 Min. Zubereitung • Pro Portion ca. 535 kcal, 10 g E, 17 g F, 84 g KH

CHAI-PORRIDGE MIT APFEL UND CRANBERRYS

BALLASTSTOFFREICH

2 TL Chai-Tee
  (ersatzweise 1 Teebeutel)
1 Apfel (ca. 150 g)
1 EL Orangensaft
100 g zarte Multikornflocken
4 EL getrocknete Cranberrys
100 ml Milch
3 TL Honig
4 EL Haselnusskerne
Salz

GU CLOU

Mikrowelle am Arbeitsplatz? Dann kochen Sie den Porridge doch schnell frisch! Dafür Apfel, Flocken- und Chai-Mischung aus dem Glas in eine mikrowellengeeignete Schüssel füllen und bei höchster Wattzahl in ca. 1 Min. 30 Sek. aufkochen lassen. Kräftig durchrühren, nochmals 30 Sek. erhitzen und wieder umrühren. Bei Bedarf weitere 20–30 Sek. erhitzen, bis der Porridge die gewünschte Konsistenz hat. Dann die Nüsse aufstreuen.

1 200 ml Wasser in einem Topf zum Kochen bringen. Den Topf vom Herd nehmen, den Chai-Tee in das heiße Wasser geben und mindestens 5 Min. darin ziehen lassen.

2 Inzwischen den Apfel waschen und trocken tupfen, vierteln, vom Kerngehäuse befreien und klein würfeln. Die Würfel mit dem Orangensaft vermischen. Die Multikornflocken und die Cranberrys auf die Gläser verteilen.

3 Den Tee durch ein feines Sieb abgießen bzw. den Teebeutel entfernen. Den Tee mit der Milch und 1 TL Honig unter gelegentlichem Rühren zum Kochen bringen. Dann zu den Flocken und zu den Cranberrys in die Gläser gießen und gut unterrühren. Verschließen und ca. 5 Min. stehen lassen. Inzwischen die Haselnüsse grob hacken.

4 Den Porridge in den Gläsern nochmals gut durchrühren. Nach Belieben mit dem restlichen Honig und 1 Prise Salz abschmecken. Die Apfelstücke darüberschichten und die Haselnüsse als Topping daraufgeben.

5 Die Gläser verschließen, in den Kühlschrank stellen und ca. 1 Std. vor dem Essen Raumtemperatur annehmen lassen. Dann den Porridge in eine Schale stürzen und durchmischen. Nach Belieben in der Mikrowelle erwärmen.

REGISTER

Vegetarische Rezepte, die im Buch mit einem 💧 gekenn-zeichnet sind, sind hier grün abgesetzt.

Abkürzungsverzeichnis:
E = Eiweiß
EL = Esslöffel
(gestrichen)
F = Fett
kcal = Kilokalorien
KH = Kohlenhydrate
Pck. = Päckchen
TK- = Tiefkühl-
TL = Teelöffel
(gestrichen)
Ø = Durchmesser

Projektleitung: Monika Greiner
Lektorat: Julia Genazino
Korrektorat: Ulrike Wagner
Gesamtgestaltung: independent Medien-Design, München: Horst Moser (Artdirection), Lucie Heselich, Svenja Wamser
Herstellung: Renate Hutt
Satz: Kösel, Krugzell
Reproduktion: Repro Ludwig, Zell am See
Druck und Bindung: Firmengruppe APPL, aprinta druck, Wemding
Syndication: www.seasons.agency
Printed in Germany

3. Auflage 2020
ISBN 978-3-8338-6852-8

 www.facebook.com/gu.verlag

GRÄFE
UND
UNZER

Ein Unternehmen der
GANSKE VERLAGSGRUPPE

DIE AUTORIN

Cora Wetzstein ist Ökotrophologin und erfolgreiche Kochbuchautorin. Ihr Herz schlägt für abwechslungsreiche, gesunde Gerichte mit hohem Genussfaktor, die sich in jeder Küche einfach und schnell umsetzen lassen. Essen im Glas zum Mitnehmen überzeugt sie in dieser Hinsicht komplett.

DER FOTOGRAF

Mathias Neubauer ist Foodfotograf und Grafik-Designer, er arbeitet für internationale Buchverlage und Magazine wie den FEINSCHMECKER. In seinem Studio in Seligenstadt hat er die Mitnehm-Essen im Glas stimmungsvoll in Szene gesetzt. Unterstützt wurde er dabei von **Manuel Weiye** (Foodstyling).

BILDNACHWEIS

Mathias Neubauer: S. 06–59 und Stepfotos auf den Klappen
Auen60 Photography (Julia Schärdel & Ines Häberlein): S. 01, 05 und Stillleben auf den Klappen
Grandel Werbefotografie: Autorenfoto
Kathrin Koschitzki: Coverfoto

Umwelthinweis:

Dieses Buch ist auf PEFC-zertifiziertem Papier aus nachhaltiger Waldwirtschaft gedruckt.

LIEBE LESERINNEN UND LESER,

wir wollen Ihnen mit diesem Buch Informationen und Anregungen geben, um Ihnen das Leben zu erleichtern oder Sie zu inspirieren, Neues auszuprobieren. Wir achten bei der Erstellung unserer Bücher auf Aktualität und stellen höchste Ansprüche an Inhalt und Gestaltung. Alle Anleitungen und Rezepte werden von unseren Autoren, jeweils Experten auf ihrem Gebiet, gewissenhaft erstellt und von unseren Redakteuren/innen mit größter Sorgfalt ausgewählt und geprüft.

Haben wir Ihre Erwartungen erfüllt? Sind Sie mit diesem Buch und seinen Inhalten zufrieden? Haben Sie weitere Fragen zu diesem Thema? Wir freuen uns auf Ihre Rückmeldung, auf Lob, Kritik und Anregungen, damit wir für Sie immer besser werden können. Und wir freuen uns, wenn Sie diesen Titel weiterempfehlen, in Ihrem Freundeskreis oder online.

Sollten wir Ihre Erwartungen so gar nicht erfüllt haben, tauschen wir Ihnen Ihr Buch jederzeit gegen ein gleichwertiges zum gleichen oder ähnlichen Thema um.

KONTAKT

GRÄFE UND UNZER VERLAG
Leserservice
Postfach 86 03 13
81630 München
E-Mail: leserservice@graefe-und-unzer.de

Telefon: 0 08 00 / 72 37 33 33*
Telefax: 0 08 00 / 50 12 05 44*
Mo – Do: 9.00 – 17.00 Uhr
Fr: 9.00 – 16.00 Uhr (*gebührenfrei in D,A,CH)

APPETIT AUF MEHR?

ISBN 978-3-8338-6625-8

ISBN 978-3-8338-6628-9

ISBN 978-3-8338-6630-2

ISBN 978-3-8338-6620-3

ISBN 978-3-8338-6626-5

ISBN 978-3-8338-6622-7

 Alle hier vorgestellten Bücher sind auch als eBook erhältlich.

DIE »GU KOCHEN PLUS«-APP

1 APP HERUNTERLADEN

Laden Sie die kostenlose »GU Kochen Plus«-App im Apple App Store oder im Google Play Store auf Ihr Smartphone. Starten Sie die App und wählen Sie Ihren Küchenratgeber aus.

2 REZEPTBILD SCANNEN

Scannen Sie das gewünschte Rezeptbild mit der Kamera Ihres Smartphones. Klicken Sie im Display die Funktion Ihrer Wahl.

3 FUNKTIONEN NUTZEN

Sammeln Sie Ihre Lieblingsrezepte. Speichern und verschicken Sie Ihre Einkaufslisten. Oder nutzen Sie den praktischen Supermarkt-Finder und den Rezept-Planer.